▲ 1969.7

한잎의 꽃잎은
파도를 타고

지성 · 감성의 메타언어
조선문학시인선 · 274

한잎의 꽃잎은 파도를 타고

강 해 순 시집

조선문학사

■ 시집을 내면서

어즈버,

팔십이라니? 문득 긴 것만 같던 내 삶이 일순간 참새 꼬리 같이 너무나 짧게 느껴지며 지난 삶에 허무감마저 잔잔한 파도를 타고 가슴에 젖어옵니다. 아무것도 그려 놓은 것 없는 백지가 누렇게 스르르 스러지는 것 같은 무력감을 느낍니다.

세월의 무게
삶의 허덕임 시간을 먹고
짧은 단발머리 꿈
깊은 해저에 가라 앉아
들어 올릴 수도
펴 올릴 수도 없던
벅찬 꿈이 되살아나
둥둥 수면에 떠
파란 파도에 실려
하얀 수평선으로 향한다
응얼진 고난의 씨앗들
한 잎의 꽃잎으로
사랑으로
행복으로 파도를 타고 ...

정말 감개무량합니다. 언감생심 내 평생 금쪽같은 시집을 펴내리라고 생각지 못했습니다. 딸들이 팔순 기념으로, 그동안 써놓은 글들을 묶어 책으로 낼 것을 우격다짐하여 저들이 일을 저질러 버렸습니다.

막상 시집을 내려고 하니 고마운 분들이 생각납니다. 7년여 심혈을 기울여 문예반을 지도해 주신, 시인 한밀 이경주 선생님의 가르침과 함께 서로 격려하며 한 책상에서 문예창작 공부를 해온 문동(文童)들, 그리고 공부할 수 있는 환경을 마련해 주시고 지원해 주신 이혜성 디렉터님, 윤송숙 사무장님의 고마움도 지울 수 없으며 미주 문예동우회 손지언 시인님이 출판을 지도해 주신 일에도 진심으로 깊은 감사를 잊지 못합니다. 특별히 이 시집이 나오기까지 편집과 시집평설로 칭찬해 주신 조선문학사 박진환 교수님께도 깊은 고마움을 마음에 담아 드립니다.

2010년 9월

喜雨 강해순

한 잎의 꽃잎은 파도를 타고

오랜 가뭄 끝에 내린 단비, 喜雨희우님의 八耋팔질을 축하합니다.

한 잎의 짧은 사연의 삶이 시나브로 팔십년 파도를 타고 노을 진 들녘에 섰습니다. 꽃잎 한 잎 한 잎 속에는 고향, 어머니, 사랑, 조약돌 같은 추억들이 그리운 사모곡으로 피었습니다.

喜雨희우님은 혈혈단신 어린 나이에 夏雲하운의 꿈을 안고 함북 회령의 안태 고향산천 부모형제를 떠나 한탄강 3·8선을 넘어 남한 땅에 사고무친의 고학으로 외롭게 살다가 6·25 등 國難국난에 묻혀 여자로 힘든 亂世난세를 松竹송죽 같은 정절로 살아오시다가 남편과 자식들과 미국 땅 버지니아로 이민 온 후, 17년 전에 남편을 사별하고 자식들 출가 시킨 후 노년의 한가한 시간을 소시 때 못 이룬 소녀의 문학꿈을 이루기 위해 시니어센터 문예창작반에서 10년의 세월 쉼 없이 시작에 전념하여 그동안 써 온 글들과 워싱턴 한국일보 및 중앙일보에 올렸던 시들을 한 잎 한 잎 꽃잎 모으듯이 모아 『한 잎의 꽃잎은 파도를 타고』를 탄생시켰습니다.

진심으로 喜雨희우님의 노구에도 불구하고 글을 쓰시는 文力문력에 敬賀경하드리며 계속 아름다운 시를 벗하시며 여생에 더욱 멋

진 삶의 꽃잎들이 모아져 제2, 제3집이 출간되시기를 기원합니다.

팔순 세월
어제인 듯 오늘

시나브로
꽃이
피고
지고,

고향
어머니
사랑했던 면모들의 그리움
사모곡으로 묶은
"한 잎의 꽃잎은
          파도를 타고"
노을 진 들녘에 선
시인의 노래되소서.

2010년 9월
시인 한밀 이경주

■ 딸들이 올리는 축하의 글

어머니 감사합니다

어머니 고맙습니다. 변국(變局)의 세월, 파란 많은 모진 비바람에 갈리며 80세월 굳세게 건강하게 살아오신 어머니께 세 자매 고마운 마음 담아 축하를 드립니다.

우리 세 자매의 친구요, 선생이요, 자상하신 어머니요, 현모양처로 이민생활의 우리 가정의 개척자로 앞만 보고 살아오신 어머니의 모습은 '위대함' 그 자체가 우리에게 교육이었습니다. 40여년 동안 어머니는 친히 모범으로 우리를 올 고르게 길러주셨습니다. 17년 전 아버지를 사별하고 또 하나 밖에 없는 외아들을 먼저 가슴에 묻고도 신앙의 의지로 흔들림이 없으셨던 강한 어머니! 어머니 사랑합니다. 어머니 고맙습니다.

더욱이 80수를 기념하여 시집 『한 잎의 꽃잎은 파도를 타고』를 펴내게 된 것을 축하드립니다. 소녀시절부터 문학을 동경하며 사랑하셨다는 어머니의 꿈이 늦게나마 이루어지게 된 것은 우리 세 자매에게는 큰 기쁨이요 행복입니다.

『한 잎의 꽃잎은 파도를 타고』는 어머니의 삶의 과거요 현재요 희로애락의 자서전입니다. 진솔하고 순수한 그리움과 사랑의 시어들이 아름답습니다.

우리 딸들의 간절한 바람은 남은 여생을 건강하게, 즐겁게 그리고 좋아하시는 문학창작을 통해 더 뜻있고 멋진 노년의 생활이 되시기를 간절히 기도하며 100수 향연 때는 더 많은 시집들이 우리들 손에 들려 지기를 간구합니다.

2010년 7월

어머니 사랑합니다! 첫째 딸 강춘원
어머니 사랑합니다! 둘째 딸 기숙
어머니 사랑합니다! 첫째 딸 희숙

강해순 시집 **한잎의 꽃잎은 파도를 타고**

제1부 / 불타는 노을이여

제2부 四季의 노래

제3부 사모 · 기타

제4부 시집평설

제1부

불타는 노을이여

늦깎이 글쟁이

시나브로 팔질(八耋)의 고개에 섰다
살덩이만 위해 달음질 한 세월
황폐한 가을 들판에 굴러온 늦깎이 글심
노을 꼬리 붙잡고 가꾸는 글심 가엾다

마음 가득 찬 생각 제대로 토하지 못하고
가슴만 두근대며
한 줄도 펴내지 못한 채 머릿속 휘젓는다

애써 한 조각 두 조각 맞춰
조각보 만들며
얽히고 성근 올 풀어 헤쳐
빨강 노랑 파랑색 화음 서툴게 꿰맞춘다

늦깎이 글쟁이는 고뇌한다
변색한 백로지 같은 글심에
또 한 점 찍는다.

자화상(自畵像)

구름 가듯
바람 스치듯
내 인생
훌쩍 가 버렸네

푸르던 그 날
퇴색(退色)된 조롱박 되어
오늘은 어디로
흔적 없이 가는가?

나의 꿈

비바람에
눈보라에
날아간 꿈

칠색 무지개 같이
하늘을 덮는 뭉게구름 같이
야무진 유년의 꿈

소낙비 걷힌 뒤
쏟아지는 햇빛 같던 눈부시던 꿈이
시나브로 추상(秋霜)에 뒹굴며
산골짝 봄눈 녹듯 녹았다

그래도
그 꿈이 있어 즐거웠고
그 꿈이 있어 행복했다

노인 아파트

시린 가슴 보듬고 내인생
종착역에 닿았네
서글픈 가슴 다독거리며 살아왔지만
이곳이 마지막
지상천국인걸 예전엔
미처 몰랐네

세파에 떠밀려 달려온 나의 삶
뒤돌아보니 부끄럼 뿐이네
정다운 이웃들이 인사도 없이
떠나는 걸 보면
내 여생 후회 없이
살아야 겠다 마음 다지고

외오라지 주님 품안에서
온갖 것 감사하며
웃으며 살리라

나의 삶

내 세포엔
뱀처럼 도사린 똬리 있다

뿌리 깊이 박힌
가시나무처럼
아픔이 널부러진 깃발이 있다

삭풍에 흐느끼는
전신주의 피울음 같은

짓이겨진 잡초로
쉽디 쉽게 울며 견뎌온 쓴 삶이 있다

아! 그러나
서툴게 서럽게
동강난 세포 부둥켜안고
부를 수 있는 노래 있어
나는 나의 삶을 사랑한다

얄미운 나의 파랑새

창공에서 신나게 미끄럼 탄
유성 하나 수려한 그 별이
행여, 나의 운명 점치는 줄은
미처 몰랐다

전투의 가속된 시간 속에서
숙명의 여신따라 불붙은
남녀 한쌍

목련의 순수한 열정으로
짙은 장미향으로 전선에
불 붙었던 사랑

운명의 장난인가?
정열에 불탔던 키스도
달콤한 밀어도 순간의
연출인 줄 미처 몰랐다

돌이켜 보면, 모든 것
시공을 가르고 이어진
한낱 허상이 있어
포연 속에 이루어진
큐피트의 장난끼 하나

한사코
사랑빛 감도는 옛 둥지
잃어버린 바보된 나의
파랑새

인생 길

네 발 인생
두 발 인생
50마일 인생 길
세 발 인생
70~80마일 인생 길
인생 길 100마일 길

멀고 가까운 길
냇물 같이 흘러가는 길
지나면 돌아갈 수 없는 길
기쁨과 슬픔이 함께 가는 길

인생 길 보물찾기 길
포도송이 같이 인연이 얽힌 길
가기 싫어도 가야 하는 길
꿈과 추억을 그리며 가는 길
가다가다 지치면 이승을 떠나는 길

늙은이여! 불타는 노을이 되라

웃음 고개
눈물 고개
넘고 넘어

불꽃도 없고
재도 없는
시큰둥한 일상

남길 것 없고
버릴 것만 발목 잡는다

자!
불타는 노을 보라
마지막 정열 쏟아내고 있는

아침 해 화사하게
저녁 해 불타는
우리 그리 살면 어떠리

생의 마무리

어떻게
아름다운 삶으로
마무리 할 수 있을까?

황혼의 들녘
서산의 지는 해 붉게 타는데
지난 이생길 돌아보니
남길 것 없는 메아리치는 허공이다

벌써
머리카락 숭숭 빠지고
무릎은 시큰거리며
찬바람에 허리는 시려오는데

마지막 힘을 내서
웃을 일 없어도 웃으련다
용서가 힘들어도 용서하며
화려한 시비(詩碑)가 없어도

사랑의 향기 피우며
저 높은 곳을 향해
이제 마지막 남은 벽돌
한 장 한 장 쌓으며

남은 날

파란 뭉게구름
에메랄드 사랑
금싸락 소녀의 꿈
애증의 세월에 갔소

남은 날
맑은 미소 두 팔로 받쳐
알뜰히 보듬고 싶소

얼마쯤 남았을까?
울타리 저쪽 날
목 죄어드는 그림자 가늠키 숨차구려

자투리 연민의 정
한 뜸 한 뜸 마음 수놓으며
고희 넘는 숨가쁜 몸짓
석양의 긴 황혼
가슴에 태우리라

희수

험산준령
산전수전 풍산 속세
칠칠성상 걸어온 길
앞만 보고 달려온 길

희비의 짐
등에 업고
영혼의 고갈에 시달리며
서산에 지는 해 꼬리 잡고
백발을 이고
주름진 얼굴에 수심 채우며
걸어온 길 뒤 돌아보니
서러움만 가득한데

어느새
희수 앞에 섰는지
인생무상 허무 앞에
파초 잎만 무성하다

삶의 회고

내 고향 회령

독립군 피의 족적
씻어내린 해란강 기슭

봄엔 진달래 연분홍 물들이고
여름엔 칡넝쿨에
머루 다래 엉키며
가을이면 심산 절봉 단풍에 타고
겨울엔 강얼음에 썰매 지치던

사시사철 국경을 울어 넘는
뭇 새의 정든 울음 가슴 저미며
지세 험해 구름도 쉬어 넘는
내 고향 함경북도 두만강 이웃한 벽촌 회령

무엄한 산골 소녀
쌍무지개 초록꿈 파랑새 좇아

험산준령 이 천리 길
원한의 한탄강 건너
피의 38선 넘어
사고 무친 황야에 말뚝 박고

세상 풍파 모진 세상
혼자 이고 지고
결혼하고 아이 낳고
넓은 세상 동경하며

고국 강산 등지고
하늘 바다 맞닿은 푸른 대해 날틀 타고 날아와
풍요의 땅 미국에

밤낮 없이 이 악물고
아등바등 움켜잡고 인사불성 살았으나
인생살이 뜻대로 안 되는 것

아들 죽고 남편 가니
가슴엔 재만 남고
풍선같이 부푼 꿈 쪽박으로 우글어
황혼의 노을 땅거미 기어오는
노인 아파트에서

어즈버

홀로
빛 바랜 앨범 앞에 하고
회환의 추억 들춰본다

노년의 연가

우주의 티끌 인생
꽃피고 단풍지고
삶의 계절 70성상
슬픔이
고통이

산이 구름을 탓하지 않고
흐르는 물 바위를 피하지 않고
때가 되면 나무가 옷 벗듯이

자연의 수레바퀴에
실은 것 없이 노을 든 삶

보낸 세월 마디마다 가슴에 아려
시련의 연가
그리움의 조약돌에 새겨
황혼의 연가 부르리

오늘의 행복 앞에

행복

햇살 따스히 퍼지고
진달래 흐드러진 봄날
불쑥 내민
오려낸 신문 한 조각

"오늘의 시단(詩壇)"

"순아!
우리 단둘이 살자
낮에는 햇빛이
밤에는 달빛이
가난한 우리 들창을
비추어 줄게다"

애틋한 사랑
그렇게 싹트고
가진 것 없이
마음은 넘쳤어라

환도(還都)한 님의 툇마루에
사과 상자 찬장되어
쪽박에 설거지 하며
행복인 줄 살았네

북녘 땅

구름도 넘고
새도 넘는데

너는 잊었나?
천년이 흘러도
산천은 그대로

보이지 않는 휴전선에 걸려
155마일 철책선에 막혀
손 내밀면 잡을 너

여권 한 장 들면
지구 밖도 오가는데

천만리 떨어져 못 가느냐?
철책선 하늘 찔러 못 넘느냐?
한탄강 북에 흘러 남을 적시건만
꿈마다 찾아 가는 엄마 같은 내 고향

내 가슴엔 지척인데
이다지 가슴 태워 치매(癡呆)된 세월

아!
보고픈 내 고향
북녘 땅 끝자락 회령(會寧)아
올해도 엄마 얼굴 함께
추석 달 눈물 속에 그려본다

지도 그린 날

독도보다
더
멀리
크게
우리 땅 그렸다

몇 번 째 섬인지?
누렇게 그린 지도

나라 땅 넓힌 날
경축행사
어김없이 키 쓰고
동네
소금 동냥 유랑했지

오늘

녹음 출렁이며
푸른 하늘 찌르는데

모래알처럼
흩날리며 살아온 세월

살아갈 날
금쪽같은데
보이지 않는 오늘

오늘도
금쪽같은 날
갉아먹고 사네

오솔길

낙엽 쌓인 오솔길
옛 추억 뭉클 불러내어
애련한 가슴 흔들어
오솔길 발자국마다 진하게 물들인다

언제라도 손짓하며
기다려 줄 것 같은,
세월의 흔적 보이지 않는
아슴한 한 점 엷은 수채화로 남는다

연연(戀戀)한 그리움 이리도 보채는데
봄에만 꽃 피던가?
애써 가랑잎 속에 피워보는 아픈 마음

자연의 수레바퀴 돌고 돌아
무상한 세월에 빈 가슴 후비며
오늘도 낙엽 덮인 오솔길을
찍어 걷는다

제2부

四季의 노래

봄은 아름다운 사기꾼

봄은 어찌하여
긴 세월
매몰차게 견디더니
언땅 비집고 나와
가슴 저리게 꽃불 켜는가?

잠자던 그리움
속울음으로 일렁이고
몽롱하게 취한듯
발걸음 휘청인다

그대
때가 되면 애달피 떠나겠지
하늘 하늘 꽃비 뿌리며
슬그머니 도망치겠지

봄은 아름다운 사기꾼

봄은 오는데

설레는 봄 몇 번이었나
물레방아 돌듯 계절 따라 오는 봄

헝클어진 세월 속에
봄은 오가고

한번 간 시린 영혼
다시 오지 않고
잡초 같이 마른 가슴
세월 감이 한스러워라

봄의 찬가

산기슭 눈 녹고
얼었던 도랑 녹아
졸졸 흐르고
오솔길 풀섶에 아침 이슬 영롱할 때
봄들에 작은 꽃들 꽃망울 트면
내 봄도 덩달아 설레어
봄들로 내닫겠지

어리었던 그리움
물안개로 봄들에 피면
그 옛날
동무들과 손잡고 부르던 봄노래
파란 하늘
하얀 구름
봄의 꽃향기 속에
불러본다 봄의 찬가

봄잔치

우듬지 가지마다
새순 잉태의 몸부림 있다

겨우내 움츠렸던
삼동(三冬) 삼면(三眠) 헤집고

연초록 단장하고
바람 불러 모아
어깨 겨누며 춤추네

화사한 햇빛 맘껏 끌어안고
몽울 몽울 꽃불 켜네

풋풋한 사랑의 연주
봄 잔치 황홀하네

목련

터질 듯 부푼 가슴
가지마다 설레는 순백 등(燈)

청정무구(淸淨無垢)
성결한 자태

고결한 체취로 분향하는
임의 덕송(德訟)에

행복 안겨주는
기쁨이 있어

고운 임의 심덕
찬미하노라

자목련(紫木蓮)

봄바람 살랑대니
부서지는 햇살 받아
자목련 곱구나
순결한 네 모습이
나무의 연꽃이라고
목련이라 했는가?

보라인 듯
분홍인 듯
아니 자색인 듯
아리송 삼색 조화 이루니
삼색련이라 함이 어떨지?

하늘 보고
등불 밝혀
기도하는 어머니 사랑 같은
자애로운 자목련

봄 나들이 나선 날

양지 바른 들길의 봄꽃들이
앙증맞게 눈빛 주고
봄바람에 붕 뜬 나, 살랑 살랑
꼬신다

풀숲에 고개 숙여 숨박꼭질 하던
쑥 무리 수줍게 고개 내민 순간
잡혔다 내 손에

하얀 머리 흙에 박고 숨바꼭질
나누던 달래들

춘삼월의 눈보라 속 꽃샘 추위
견디고 성질 급한 동백꽃
피 토하고 좌절했네

봄처녀 안부 물으러 봄 나들이 나왔건만
봄바람 유혹에
나도 몰래 콩콩 뛰는 내 가슴

가을

누가 불 질렀나

산이 붉게 탄다
들도 탄다
그 속에 나도 함께 탄다

봄에 수줍던 연록이
여름에 진록으로 푸르더니
이 가을엔 빨강 정열로 탄다

타는 가을 속에
무상한 세월이 밟힌다
노을진 산천에 산들바람 불어오면
아
이 가을도 내 맘 안고 떠나겠지

불타는 단풍

창밖 단풍 절정인데
진한 핏빛
사랑이런가

못 다 부른 가을 연가
언제 불러 볼거나
가을 햇살 너무 짧아

낙엽 온통 길 메우고
사랑과 생명 어깨 동무하여
삶의 오케스트라 사랑의 향연

가을 연정

쌀쌀한 가을바람
살결에 노크하니
한줄기 그리움
가슴 헤집고 어두운
그림자 드리우네

메마른 마음밭에
감꽃 함초롬 심어놓고
아리따운 불꽃으로
해맑은 하늘가에
가을 연정 뿌려나 볼까?

한사코
싱싱한 푸른 가을
저물기 전에

만추(晩秋)

시나브로

소복이 쌓인 낙엽
찬바람에 휘날려
포복으로 뒹군다

단풍 속에 가을이 있고
가을 속에 내가 있다

바스락 바스락
가랑잎 밟으며
허전한 가슴에
세월의 아픔을 잰다

가을의 향연

붉은 잎
노란 잎
단풍 같은 사랑
우리 사랑하자

죽는 날까지
붉게 태우자
떨어져 뒹굴지라도
함께 묻히자

조락(凋落)의 가을
짧아서 섧고
짧아서 아름다운
저 가을의 향연

갈바람

갈바람은

그리움 보듬고 오네

외로움 몰고 오네

내 인생 쓸고 가네

가을

맑은 하늘
은빛 억새

가냘픈 몸매
색색의 코스모스
가을 들판에 물결친다

시나브로
색 바랜 연서(戀書)
지천에 날리니
내 식어버린 맘에도
흘러간 연정이
세월 따라 동행한다

꽃씨

겨울비 보슬보슬
봄을 재촉한다

잠자던 그리움
살며시 깨워

누군가의 가슴에
꽃씨 뿌리고 싶다

빨강 꽃으로 활활
불타면 좋겠다

그 불꽃 내 심장에
화살 같이 꽂히면 좋겠다

가을 애상(哀想)

사정없이 흩날리는 낙엽아
산다는 것
그리도 무참인가

간밤의 거센 빗줄기
너의 볼 마구 때려도
한숨도 없이 눈물도 없이
그저 스러지는 것
감내하며 순응하는 것이
삶이더냐

오색 화려한 잔치는 끝나고
황금바다 물결 이루고 갈바람에 실려
가을은 말없이 가누나

밟힌 한 잎
바스락 외마디 신음

가을이 가네

화려한 잔치
침묵으로 벌이더니
황금물결 바다처럼
출렁이네

우수수 대지 위에
누런 잔디 살며시 깔아 놓고
가을이 가네

찬바람 휘몰아치더니
추적추적 가을비 내리치더니
단풍잎 하늘가에
골목길에 내몰려 뒹굴더니
가을이 가네

아! 애석타
쓸쓸함만 남긴 채
가을이 저 혼자 가네

뉴욕주 가을 단풍여행

가을비 부슬부슬 내려
꽃우산 받쳐들고
신비의 왓킨스 글린 계곡
꿈속인듯 걷는다
천국계단 올라가듯
그대와 나 같이 걷고 싶은 길

눈 내린 하얀 산등성
눈부시게 꽃불 켠 오색단풍
뭉게뭉게 안개구름 산허리
꼭 안고 구불구불 기차여행
애들처럼 신나고 너와 내가
자연의 산물인 걸 이제야
깨달았네

다섯 손가락으로 펼쳐진
세네카 호수 크르즈
물고기 비늘 닮은 물결

타는 단풍 손짓 하네

너도 사랑의 불 켜란다
뭉클거리는 가슴의 요동
잠재우며 창조주께 합장하고
감사 기도 올린다
아름다운 자연의 신비가
가슴을 친다

얼음꽃

소복 소복 하늘의 천사
천지를 감싸 안고
지구촌은 온통
눈꽃으로 황홀하네

그리운 가슴에
풀풀 날아와
젊은 가슴 설레게 하네

눈 그치고
삭풍 몰아치니
나무 가지 가지마다
얼음꽃 활짝 피었네

혹한에 더욱 아름다운 세상
시리디 시린 영혼이 활짝
백일몽 깨어나고
얼었던 가슴에 환한 불꽃 지피네

훈풍이 들판을 보듬으면
봄처녀 찾아 오리니
인간은 온갖 시름에 허덕이지만
자연은 노래하며 춤추리라

노송(老松)

벽계산간(碧溪山間) 바위틈에
생명 내려
천 년을 부동으로 바위 업고
왕성한 기백으로
청청신록(靑靑新綠)의 영화를 누리며

풍한설우(風寒雪雨) 벽력(霹靂)에
피복이 거북 등 되어
백태(白苔)로 싸안고 고근(孤根)이 억세게
바위를 부등켜도
눈부신 아침 햇살에 송로(松露) 영롱하여
벽로(碧鷺) 한가로히 평화롭구나

그루터기

- 그루터기 문예지를 내면서

산고의 아픔도
탄생의 기쁨도
문동(文童)들 가슴마다
진흙 속 연꽃처럼
아롱아롱 피어오른다

넘치는 시정(詩情)
어쩔 수 없어
혼신의 토함 감출 길 없어
첩첩 세월 훑어

한 줄기
강물 되어
문동들
가슴에 흐른다

노을 진 들녘의 사슴

노을 진 들녘
한 마리 외로운 사슴
심산유곡(深山幽谷) 먼 길을 헤매다가
지쳐서 긴 목을 뽑아
오늘
붉은 들의 산자락에 서 뒤돌아 보니
가는 다리로
쓸개 없이 달려온 모진 세월
아직도 더 달려가야 할 아픔
눈물로 얼룩져 서글피 운다

동백꽃

혹한은 아직인데
백색의 벌에
정열로 불태우는 빨간 동백꽃

화신(花信)은 산 너머에 있는데
너만 성급히
혈기로 타다가
홍매화, 자목련 필 무렵

몽탕몽탕
툭 툭 툭
한 서린 설움에 목을 날려
미련 없이 옥쇄(玉碎)하는 빨간 동백꽃

눈

소복소복 눈이 내린다
설렘 동반하고 그리움 보듬고
사랑이 온다
보슬보슬 하늘엔 눈꽃이 만발하고
문득 버린 내 고향에 가고 싶다
티 없이 맑고 순박했던 유년
썰매 타고 제기 차고 뒹굴어도 좋았던

펑펑 눈 맞으며 빠지고 싶다
아무도 가지 않은 눈길
내 발자국 뒤돌아보며 새 길 내고 싶다
하늘과 땅 온 천지가 눈꽃으로
순결한 하얀 눈 마음도 표백하고파
백색의 설원에 흠뻑 마음을 빼앗긴다

제3부

사모 · 기타

사모(思慕)

빨갛게
노랗게 멍든 맘

단풍 속에 타다타다 지쳐
가랑잎으로 뒹군다

그렇게 그렇게
불타는 날엔
사무쳐 오는
보고픈 얼굴

사랑

바람 따라
구름 따라
가슴에 젖은 그리움

억새풀 스산한 밤
찢어진 회한에 젖어

야윈 가슴 휘집어
스며든 아린 편린(片鱗)

깊은 골목길 흐르는
발자국 헤아리는 사랑은

아픔이었소
미움이었소
사랑이었소

사랑이란 것

가슴을 태우고
마음을 비우고
침묵으로 인내하는 것

가랑잎에 불타듯
뜨겁게 타오르지만
비워진 가슴에
시나브로 채워지는 건
귀중한 사랑이다

마른 잎에 이슬 내리듯
영롱하게 빛나서
말없이, 값없이 주는 것
진정한 사랑의 결정이다

사랑은 태우고 비우고
오로지 인내로만 가슴 달구는
한낱 인생의 고귀한 열매다

그리운 나의 사랑

함초롬 뇌리에 각인된
반세기 지난 사랑의 연서
보물인 듯 호주머니에 숨겨두고,
불현듯 보고 싶어 꺼내 보던
불꽃 튀는 그리움

네 귀 닳고 닳아 먼지 되고
추억의 불씨 재로 남아
속절없이 되살아나는
아련한 그 추억

6.25 전쟁 속에 전선에서 후방으로
헤어져 인연 끊긴 생사
재생의 꿈 꾸던 그 때 그 시절

서로 사랑하고 사모함은
자연이 물려준 귀중한 선물,
남몰래 싹튼 사랑 사라지고

고독이 벗이 된다

삶이 힘들고 지칠 때 구름 속에
비친 하얀 환상 뒤쫓아
애타게 그려 보는 님의 모습 어리어
삶의 원동력 시나브로 되살린다

슬픈 노래

슬픔이
강물처럼 출렁일 때
아픔이
황사처럼 휘감길 때
나는 거미줄에 갇힌 풀벌레

풀어내고 헤쳐가며
칼질하는 고통 감내하는
나는
나의 슬픈 노래 사랑하리라

이 세상 끝나는 날 까지
성치 않은 상혼(傷魂) 어루만지며
죽도록 나의 슬픈 노래 사랑하리라

애련(哀戀)

기나긴 밤 주체 못해
뒤척이는 가을밤
운명은 매의 덫에 걸려
찔레꽃 향기 앙금질 때
꽃잎 때리는 소낙비

열정으로 달구어진 가슴
촛농 되어 녹아 내릴 때
온 세상이 내 것인양
큐피트의 노예 되어 잃어버린
나 자신 미아로 남고

예고도 없이 찾아온 이별
메아리 찾아 헤매일 때
무심한 기적만이 아픈 가슴
쓰다듬는 애연의 끝자락

내 고향 이북 회령

내 고향 눈이 내리겠지
멍멍개 세상 만난 듯 뛰고
궁전 같던 눈길
화려한 눈사람 퍼레이드
사르르 봄이 오겠지

땡볕 개울가
아버지는 그물 펼쳐 잡고
동생과 난 패잔병 몰듯
쉬-쉬- 물고기 생사 가르던
그 고향 가슴 저미네

애끓는 반세기 파도에 실려
험궂은 계곡 질척이며 왔다
헝클어진 매듭 풀지 못함에
삶의 언저리 펼치면 가슴 아리다

이라크 미워하듯

North Korea 연일
도마에 오르고
핵으로 맞서는 으름장

아!
그 곳이 내 고향

"빼앗긴 들에도 봄이 오는가?" 했더니
저희들끼리 싸우고
애매한 우리 땅 뚝 잘라 놓고
아! 한 맺힌 민족이여!

부모님 묻히고
내 형제 꿈을 꾸는 그 곳
목메어 절규하는
내 고향 회령아!

고향

고향이란 나에게 있어

뼈저린 아픔이 동반된다
얼마 만인가 반세기
이날까지 용케도 살아왔다
기적 같기도 하고
무지 질긴 것 같기도 하고

지나가던 길손 말했던가
빛 좋은 개살구라고
사람이 산다는 것
개인 날보다 흐린 날이 더 많고
내일은... 내일은... 하며 오늘을 산다
궂은 날 개인 날 범벅이 되어 고희라니
나도 믿기지 않아 뒷걸음 치고 싶네
고향아 그러나 너는 언제나 나의 영원한 미래상

어린 시절 방학 때 고향 갈 때면

멀리 동구 밖에서부터
아부야 아부야 목청껏 신호를 보낸다
아부야란 언니가 어릴 때
큰아버지를 부르던 말이다
우리는 커서도 아부야라고 불렀지
맨발로 뛰어 나오시던 모습의
할머니와 큰어머니도 눈에 선하다
큰집엔 자손이 없으셨지 우리는 그래서
방학 땐 큰집 아들 딸이 되었지
마음껏 사랑 받던 시절 마냥 즐겁던 시절
뒷동산의 진달래도 푸르던 소나무도

달리는 기차와
누가 이기는가 경주하던 동심
눈 온 뒷동산의 풍경은 참 아름다웠지
푸드득 푸드득 꿩 날던 소리
산토끼 놀라 껑충 껑충 도망가던 소리
콩 달린 틀에 잡힌 꿩은

고기 귀한 고향의 별미 만두였지
그래서 내 고향은
그 누구의 고향보다 아름답지
세월이 지나도 내 마음 밭에 고향은
동화의 천국이지
날아라 꿩이여 뛰어라 산토끼야
내 가슴 고동도 함께 뛴단다

격세지감(隔世之感)의 세상

어렸을 때 내 고향에선
방안의 물그릇이 얼어붙고
덩달아 울밑에 방뇨도
얼어 붙었다

귀갓길 장갑 낀 손
칼바람에 귀딱지 밑의
두 귀도 예외는 아니었다
어린 나를 지겹게 위협하던
가난의 흔적이 가슴
시리게 한다

인생 황혼의 언덕에 서서
어린시절 회상하는 따스한 봄날
격세지감의 행복감이
품속에 잦아드는
아리따운 이른 봄의 엘레지

꿈

잘린 조국 버리고
이 땅 쉽게 밟았네

꿈도 절망도 함께 키질 하며
돌아 본 이민 세월 암울하구나

아! 돌아 갈 곳 이젠 없어
나 여기 묻혀야 하는데
총총(叢叢)한 별 되어
새록새록 꿈 키울까?

장미 아닌들 들국화 아니어도
초췌한 풀꽃으로 꿈 키우리라

아!
찾아 올 이 누구랴
숨어숨어 꿈의 싹 티우리라

행복이로소이다

책가방 쌀 일도
등록금 챙길 일도
달그락달그락 도시락 쌀 일도
지금은 다 내려 놓고
홀가분하게 오늘을 산다

홀로 왔다 홀로 가는 인생길
찌그러진 조롱박으로 남아
우듬지에 매달린 한 잎 나뭇잎
가을 바람에 춤을 춘다

삶이 요동쳐도
오늘 같은 날 있어
아들딸에게 기대지 않고
장수 비결 기차게 챙겨
마음은 청춘 부럽잖아
즐겁게 남은 길 가리니
이 아니 행복이 아니리

군사 분계선

수백만 젊은 피의 선(線)

통곡(痛哭)의 선
분통(憤痛)의 선
혈수(血讐)의 선

한(恨)서린 선
반세기 분단의 선
보이지 않는 선
한 발짝이면 넘을 수 있는 선
망향에 눈물짓는 선
맘으로 매일 넘는 선

평화만이 허물 수 있는 선
사랑만이 허물 수 있는 선

사랑 타래

삶의 실타래
풀며
감으며
타래 만든다

사랑으로 감으며
관용으로 풀며
슬픔을 비틀며
기쁨을 어우르며

감고
풀며
비틀며
어우르며
인생의 타래를 엮어간다

사선을 넘고

1947년 1월 12일
목숨 걸고 사선 3·8선을 넘었다
민주, 공산 사상 이념도 없었다
17세 단발머리 애드벌룬의 꿈을 향해
자유의 땅 찾아 안태를 떠났다

칡넝쿨 같은 어버이 사랑에
눈물의 단장을 찢고
낮 두더지 밤 올빼미로 험산준령
몇 날 몇 밤 인민군 총구 피해
한을 안고 한탄강을 건너
황야의 억새로 섰다

풍랑 속에 인정 세정 파묻고
해안에 버려진 조가비의
꿈속에 피운 애드벌룬 허공에 날아가고
해안에 찍힌 발자국 파도에 밀려갔다

험하게 살아 온 세월의 해안에서
지금은 이생에 없을 칡넝쿨 사랑을 그리며
이제도 갈 수 없는 안태를
문드러진 가슴에 찢어지게 그리며
목 터지게 불러 본다

내 그리운 안태 내 사랑 회령아

어머니 그 이름

어머니
그 이름 부르기만 해도
눈물입니다

깊은 산골짝
홀로 계실 어머니
가슴 메입니다

모든 것 버리시고
맺은 질긴 끈 놓으시고
혈혈단신 외로움입니다

세상사랑 인내 고통 희생
다 품으시고 길 위의 가시덤불
홀로 더듬는 길 어머니의 이름입니다

어머니로 살아가시는
그 이름은

행복 그리고 사랑입니다

어떤 사랑보다
간절하고 속 깊은
뜨거운 불입니다

영원한 사랑 없다지요?
오직 어머니 사랑
영원불변입니다

어머니 사랑해요! 영원히 그 이름

친구여!

우리 늦게나마 참 잘 만났소
조잘대고 끽끽거리던 코 흘리개 어린 날처럼
인생이란 긴 여정 끝자락에 서서
허무하다 억울하다 째지게 하소할 수 있어 행복하오
엄벙덤벙 흘러 보낸 소중한 삶 누가 앗아 갔소
아쉽고 안타까움에 발 동동 구르고 싶소
초조와 허망 부글대고 작은 가슴 무너져 내리오
친구여!
맘껏 사랑 노래 부르지 않으려오?
환희에 찼던 풋풋한 첫사랑
그리움에 가슴 태우던 불꽃사랑
우리 찬미하지 않으려오?
이제 자잘한 옛 것 확 내던지고 찾을 수 없는 열정
남은 작은 불씨 부싯돌이나마 그어야 하오

다소곳이 살랑대는 들꽃처럼
여름밤 스치는 상쾌한 바람처럼
높은 가을 하늘에 걸린 해맑은 그믐날처럼

삶의 마당 마감할 때 우리 "잘 살았노라"
목청껏 합창하지 않으려오?
가물가물한 날들 보듬고 잘 살아 봄세

어머니

- 어머니날을 맞아

내 동공에 영원히 각인된 어머니

지금은
어머니의 가슴에 한 송이 카네이션도
달아 드릴 수 없는 어머니!

고고지성(呱呱之聲)
이 땅에 태어난 후
구구절절 아픔, 눈물, 걱정
삼고(三苦)로 이 여식 키우심에 뼈를 깎으시고
목숨 바친 사랑으로 키워 주셨건만

철없는 여식
어머니 품 떠나서
3·8선 넘어 혈혈단신 사고무친한 황야를 헤맬 때
어머니는 용광로에 가슴 끓이고
이 여식 위해 통곡하시다가
한으로 탄재 되어 운명(殞命)하실 때도 보지 못해

눈도 감지 못하셨을 어머니!

이 여식 땅을 치며
생전에 못 다한 불효를 가슴 찢어 뉘우칩니다
해마다 맞는 어머니날
가슴 가득 카네이션을 담아
어머니 영전에 바쳐 드리옵니다

사랑하는 어머니
불효 이 여식을 용서하시옵소서

어머니 수의(壽衣)

화승(火繩)처럼 타는 가슴
소금 저려 삭이시며
덜된 여식 보내놓고
어머니 통곡 있었습니다

여식 그리는 모정
비수에 허리 찔려
아픔이 창자를 가르는 고통
가시밭 돌밭이었습니다

3·8선 누가 만들었나
지구상 유일무일 남·북 휴전선
숙명은 단 두 번의 모녀상봉이
이승의 인연을 놓았습니다

6·25로 영영 가로막은 천륜
세월 따라 어머니 기력
장성한 여식 맘에 못이 되어

눈물로 회한으로 마련한 수의(壽衣)

보낼 길 없어
어머니 수의안고
만 갈래 찢어지는 가슴
천근만근 납덩어리 발길 돌려
우체국 문턱 눈물로 닦던
1999년 4월 1일
향년 90세로 소천하신 어머니!
도사리 같은 여식
영전에 부복 못한 불효 용서 빕니다

어머니 수의는
이 딸이 더 서럽게 가슴 속에 묻었다가
어머니 품에 안길 때
제가 입고 가겠습니다

오늘도 가슴에 따뜻이
안아 보는 어머니 수의

아이티의 아우성

지구상에 이럴 수가
하늘이 노하셨나?
아비규환
하나밖에 없는 목숨
무참히 쓰러지는
우주의 폭동
널부러져
어미 못 찾은 아기들
낯선 땅에 둥지 튼다

개강(開講)

지루한 긴 여름
속절없이 지나가니

가을학기 개강했네
패스터랜(Fastran)타고 보니

반가운 얼굴 얼굴들
모두모두 행복한 모습

시끌시끌 늙은 수다
양기는 입술에 오르고

어린 날로 돌아간 듯
짓궂은 장난기로

즐거운 가을 학기의
소망을 마음밭 한 구석에 꽃 피운다

엄마를 찾아서 헤맨 만리길

내 나이 팔순이 다 되어가도 "엄마"란 이름은 너무나도 목마르게 간절한 이름이다. 배움의 길을 멈출 수 없어 끈끈한 혈육의 끄나풀도 마다하고 혈혈단신 어린 나이에 3·8선을 넘어왔다. 격동의 해방후 3천만 동포 모두가 어려운 혼란기를 맞았다. 그러므로 오래전에 품었던 무지개꿈도 다 미루고 사회의 크나큰 파도에 밀려 인생 초년생으로 탈바꿈했다.

돌이켜보면, 보란 듯이 이룬 것 하나 없이 세월만 하염없이 흘려보냈다. 그러나 한가닥 남은 희망은 몽매에도 잊지 못하는 어머니와의 상봉이었다. 철모른 딸이 저지른 사랑하는 엄마에 대한 불효! 이를 보석하기 위해 나는 죽기 전에 어머니를 한번 꼭 만나야 했다.

간간이 신문 지상에 뜨는 "북한방문" 기사를 보면 내 가슴은 팔딱팔딱 뛰었다. 1985년 마침내 중국 연변에서 가무단이 워싱턴에 공연을 하러 왔다. 연변은 몽매에도 잊을 수 없는 내 고향이다. 내 가슴은 흥분으로 콩당콩당 뛰었다. 만사 제쳐놓고 공연상에 달려갔다. 나는 그들을 만나자마자 자초지종을

얘기하고 나의 어머니를 비롯한 친척들의 소식을 알아봐 줄 것을 간곡히 부탁했다.

수 개월 후 고대하던 소식이 왔다. 용정에 사시는 나의 친척도 만났고 이북에 사시는 나의 부모님 소식도 들었다고 해서 떨 듯이 기뻐했다. 그 후에 신문에 중국여행을 모집한다는 기사가 났다. 우리 가족은 우선 모두가 어머니를 만나기 위해 시민권을 따기로 했다.

그 후 딸과 나는 여행길에 올랐다. 어눌한 엄마를 혼자 보내는 것이 안쓰러워 딸이 동행을 자청했다. 부푼 가슴 고요히 다독이며 우리는 상해를 비롯해 북경, 남경, 장춘 등을 경유, 용정에 도착했다. 그러나 기대했던 가족 소식은 잘 모른다고들 했다. 상상컨대 그곳 사정이 우리들의 만남을 꺼리는 듯했다. 심한 낙담에 사로잡힌 나는 권하는 관광도 마다하고 호텔방에서 혼자 울고만 있었다.

윤동주 시인이 살았던 용정은 내 고향이기도 하다. 또한 혜란강이 독립투사들의 투지를 안고 흐른다. 말없이 흐르는 유서깊은 그 강줄기가 행여나 나의 상한 가슴도 헤아려 줄 수 있을까?

그 후 북경에 들러 중국 북한 대사관에 전화했다. 나의 목메인 음성에 동정심이 생겼는지 와 보라고 했다. 그래서 가 보려고 했는데 동행했던 일행도 극구 말렸다. 인정 사정 몰수한 철통같은 장막이 앞길을 막아버렸다.

그후 1987년 초청장이 느닷없이 북한 해외동포위원회를 통해 왔다. 드디어 나는 40년만에 처음 아들과 함께 고향을 방문할 수 있었다. 평양 공항엔 바로 아래 남동생과 내가 이남에 나온 후 태어난 여동생이 마중나왔다. 지구의 반바퀴를 돌아가서 만난 어머니 나라. 그 땅을 밟을 수 있다는 영광에 먼 옛날 고향을 버렸던 탕아는 목이 메었다. 세월은 무정하게 흘렀지만 정 들었던 사촌과 핏줄은 투박하나마 그대로였다. 반세기를 이어온 질긴 통한의 아픔. 외로움에 절었던 가슴들이 온기를 다시 찾는 순간들이었다.

한동안 잊고 살았던 조국에서 아버지는 끝내 돌아가셨다. 임신중이었던 언니는 아이와 함께 친정에 왔다가 미군이 쏜 총에 맞아 죽었다. 또 하나 남은 남동생도 전쟁 중에 죽었다고 한다. 향학열에 불타 철없이 가출했던 철부지인 내 자신이 한스럽기도 했다. 어릴 때 공부 잘한다고 우쭐했던 내 자신이 부끄럽기조차 했다. 한 주일동안 집에 묵으면서 40년 동안 묵은 한을 조금은 푼 듯 했다. 떠날 때 어머니는 미국에 사는 사위가 보고 싶다고 하셨다.

그 한마디는 딸의 가슴에 또 한번 한없는 낙인을 찍었다.

우리는 당국의 배려로 금강산에서 비룡폭포, 구룡폭포 등을 관광했다. 한없이 줄기차게 쏟아지는 폭포들은 우리 가슴에 반세기 동안 맺혔던 묵은 한을 말끔히 씻어주는 듯 했다. 삼일포를 포함한 해금강의 경치는 내 가슴에 수려한 영상으로 각인되었다. 그 옛날 임금님이 해금강의 수려함에 반해 3일간 묵었다는 삼일포는 영원히 내 가슴에 청량제로 남을 것이다.

금강산 1만 2천봉. 봉우리마다 독특한 별명이 붙어 있어 개성을 자랑하고 있었다. 기암 절벽이 하늘을 찌르고 먼 옛날 이곳이 해저였었다는 일설도 나와 있다. 비로봉 봉우리를 향해 올라가는데 헐떡거리는 가슴은 하늘에 닿는 듯 힘들었다. 그러나 다시 올 수 없기에 기를 쓰고 올랐다.

가다가 가끔씩 밑을 내려다보니 참으로 아찔했다. 현기증이 나서 공중에 걸린 긴 사다리 끝을 사력을 다해 붙잡고 엉금엉금 기어 내렸다. 40년의 회한을 3주 동안의 관광으로 오롯이 풀고 다시 오리라는 기약을 하면서 귀가를 서둘렀다.

4년 후 어머니의 팔순 잔치에 남편과 같이 갔다. 1991년 여름이었다. 첫 번째 방문 때 못 가 본 분의 보상이라고나 할까? 어머니는 팔순 잔치 때 감회가 북받쳐 사위의 술잔을 받고 그만 쓰러지셨다. 쌓이고 쌓인 한과 감격이 북받쳐 희비 쌍곡선에 휘말려 밤새도록 신음하셨다.

우리는 모두 놀라 혹시라도 돌아가실까봐 걱정이 태산같았다. 그러나 다행히도 돌보신 의사 선생님은 진찰 결과 90까지 사실거라고 예언해서 안도의 숨을 내쉬었다. 그 후 어머니는 참으로 90까지 사셨다. 신통한 일이 아닐 수 없었다. 떠나는 날 주무시는 어머니를 조심스럽게 깨웠다. 다시 못 뵈올지도 모르기 때문이었다. 어머니는 몽롱한 상태에서도 "딸 사위 다 봤으니 이젠 눈 감고 갈 수 있다"고 하셨다. 어머님의 한맺힌 처절한 가슴의 울림이 나의 가슴에 서서히 각인되었다. 다시 오겠다는 기약없는 한 마디 던지고 차는 떠나려는데 차창을 꼭 잡은채 끌려오시던 까칠한 손.

그 온기가 지금도 내 체온에 남아 반세기 동안 가슴 저린 아픔을 두 번의 상봉으로 견뎌야 했다. 돌아오는 차 안에서 목이 메어 할말을 잃었다. 그것이 어머니와 이 세상에서의 마지막 이별이 될 줄이야.

제4부

시집평설

가슴으로 부른 思鄕譜, 이마로 부른 黃昏歌

박 진 환
(문학평론가 · 문학박사)

Ⅰ. 前提

시인은 분석같은 것을 하지 않는다. 또한 이론적 설명도 하지 않는다. 시인은 다행히도 이론적인 정연한 문구나 논쟁해야 할 學理를 모른다. 그는 단지 결단하고 말해버린다. 그가 말하는 것은 인간에 관한 것이다. 그는 인간의 고통, 상심, 동경을 이야기한다. 다시 말하면 마음속으로부터 자기 자신을 이야기하고 있는 것이다.

일찍이 林語堂이 한 말이다. 이 중에서도 '그는 인간의 고통, 상심, 동경을 이야기한다'는 말은 설득력으로 작용한다. 시인이 체험했던, 그리하여 시로써 형상화했던 고통, 상심, 동경은 바로 시인 자신을 진술한 것이 되기 때문이다.

고통이란 괴로움과 아픔 따위의 심신이 겪는 苦恨이나 痛苦

쯤이 된다. 일찍이 볼테르가 지적했던 것처럼 "행복은 꿈에 지나지 않고, 고통은 현실"이라 했던 것에서 읽을 수 있듯이 고통은 현존하는 존재 자체일 수도 있고, 그 때문에 고통은 매일을 살아가는 정신적 양식이 될 수 도 있다. 그래서 실러는 "고통이 인생"이라고 했고 버너드 쇼는 거꾸로 "인생이 고통"이라고도 했다.

고통이 생이 수반하는 아픔이었건, 현존 자체였건, 인생이었건 인간은 고통속에서 살아가다가 고통속에서 죽어가기도 하고, 이와는 반대로 고통을 극복함으로써 행복을 체험하게도 하고, 악이 선을 깨닫게 하는 이치나 불행이 행복의 값짐을 일깨워주듯, 고통은 곧 인생 자체일 수 있게 된다. 그리고 시인은 인생 자신을 진술한다는 점에서 시는 고통의 기록일 수 있게 된다.

마음을 상하게 하고 애타게 하는 상심 또한 그 표현은 달라도 고통과 등가성을 지닌다. 속을 상하게 하고 애를 태우게 하는 것은 心傷을 뜻하는 것으로서 마음에 상처가 있음을 의미하게 되고 이는 달리 고통이 되기 때문이다. 이 점에서 고통의 기록과 함께 상심 또한 인간 자신의 진술일 수 있게 된다.

고통과 상심이 현실에서 체험되는 아픔과 시련 그리고 지양하고 싶은 현실적 삶이 겪어야 하는 것이라면 현실적 고통으로부터 해방됨으로써 자유롭고자 하는 정신적 욕구가 동경심이다. 보다 행복한 삶에의 염원, 고통으로부터의 해방, 소망하고자 한 것을 이루고자 하는 소망사고 등은 고통이나 상심에 대응되는 정신지향의 동경이라고 할 수 있다. 이 점에서 전자적 고통이나 상심은 본질을 달리하는 또 하나의 인간 지향으로서의 인간 자신의 진술이 될 수 있다는 점에서 시로써 형상화 될 수 있게 된다.

강해순 시인이 상재한 시집『한잎의 꽃잎은 파도를 타고』를 조명하기 위해 林語堂의 피력에 토를 붙인 것은 그럴만한 이유를 이 시집이 지니고 있기 때문이다.

시집『한잎의 꽃잎은 파도를 타고』에 설정된 詩域은 가슴에서 발상된 그리움으로 그린 思鄕譜의 過去世와 현존적 삶이 마주한 斜陽의식으로 형상화된 黃昏歌로 시적 흐름이 주류를 형성하고 있고 그 중간대에 자연과 함께 四季가 놓여 있어 세 개의 詩域을 형성하고 있다.

이를 삼분법으로 적용하면 시의 축을 중심으로 한 쪽엔 過去世가, 그리고 그 중간대엔 봄, 여름, 가을, 겨울의 四季가 펼쳐지고 다른 한쪽엔 다가가야 할 미래가 있는데 전자의 경우 思鄕譜로, 후자의 경우 黃昏歌로 그 중간대가 四季의 노래로 가기 시의 성질과 빛깔을 달리하고 있다. 思鄕譜와 黃昏歌 그리고 四季의 노래를 시를 제시, 구체화 했을 때 강해순 시인의 시적 본질이랄까, 본태는 그 모습을 드러내줄 것으로 보고 조명해 보기로 한다.

2. 思鄕譜의 시편들

강해순 시인의 시역의 하나를 장식하고 있는 사향보는 한마디로 가슴으로 부른 그리움의 편린들이라고 할 수 있다. 그 때문에 시의 세계가 과거세로 되어 있고 과거세 속에는 고향, 유년, 사랑으로 점철된 추억이 고스란히 담겨 있다.

이를 보다 구체화하면 회상공간으로서의 고향과, 떠나오곤 돌아갈 수 없는 고향, 현실수용에 실패한 이민생활에서 체험해야 했던 자아협소화가 수반한 회향의식과 현실적 안정대를 구축함으로써 자아확대력이 체험하는 분단의 체험과 연민들이 발상이 되어 형상화한 思鄕譜로 형상화 되어 있다. 시를 제시해 보자.

내 고향 눈이 내리겠지
멍멍개 세상 만난 듯 뛰고
궁전 같던 눈길
화려한 눈사람 퍼레이드
사르르 봄이 오겠지

땡 볕 개울가
아버지는 그물 펼쳐 잡고
동생과 난 패잔병 몰듯
쉬쉬 물고기 생사 가르던
그 고향 가슴 저미네
(중략)
아!
그 곳이 내 고향

"빼앗긴 들에도 봄이 오는가?" 했더니
저희들끼리 싸우고
애매한 우리 땅 잘라 놓고
아! 한 맺힌 민족이여

수록시 「내 고향 이북 회령」의 일부가 보여 주듯이 '내 고향 눈이 내리겠지', '아! 그곳이 내 고향'과 같은 시행에서 볼 수 있듯이 고향이 회상 공간으로 설정되고 있다. 예시 말고도 시 「고향」에서의 시행 '멀리 동구밖에서부터/아부야 아부야 목청껏 신호를 보낸다'나, '맨발로 뛰어나오시던, 할머니와 큰 어머니도 눈에 선하다'나, 시 「격세지감의 세상」에서의 시행 '인생 황혼의 언덕에 서서/ 어린 시절 회상하는 따스한 봄날'등은 예외없이 고향이 회상공간으로 설정되고 있음을 보여주고 있다.

그런가 하면 한번 떠나오곤 돌아갈 수 없는 고향과 이민생활에서의 안정대구축에 실패함으로써 자아협소화가 수반하는 회향의식도 보여주고 있다.

잘린 조국 버리고
이 땅 섧게 밟았네

꿈도 절망도 함께 키질 하며
돌아 본 이민 세월 암울(暗鬱)하구나

아! 돌아갈 곳 이제 없어
나 여기 묻혀야 하는데
총총(叢叢)한 별 되어
새록새록 꿈 키울까?

장미 아닌들 들국화 아니어도
초췌(憔悴)한 풀꽃으로 꿈 키우리라

아!

찾아올 이 누구랴
숨어숨어 꿈의 싹 티우리라

수록시 「꿈」의 전문에서 볼 수 있듯이 시행 '잘린 조국 버리고/이 땅 쉽게 밟았네'가 보여주는 탈향과 '꿈도 절망도 함께 키질하며/돌아본 이민 세월 암울하구나'가 말해주는 이민생활공간에서 안정대를 구축하지 못함으로써 암울한 세월을 살아야 했던, 그래서 다시 돌아가고 싶어도 '아! 돌아갈 곳 이제 없어/나 여기 묻혀야 하는데'에서 읽을 수 있는 자아협소화도 다름 아닌 사향보로 형상화 된 과거세의 한폭 그림이라고 할 수 있다.

이러한 과거세는 다행히도 이민공간 수용에 성공함으로써 안정대를 구축, 자아확대력을 획득함으로써 현실적 삶에의 행복감과 행복감의 여유를 통해 분단의 조국에 대한 사향보를 다시 그리게 되기에 이른다.

가) 삶이 요동쳐도
오늘 같은 날 있어
아들 딸에게 기대지 않고
장수 비결 기차게 챙겨
마음은 청춘 부럽잖아
즐겁게 남은 길 가리니
이 아니 행복이 아니리

나) 수백만 젊은 피의 선(線)

통곡(痛哭)의 선

분통(憤痛)의 선
혈수(血讐)의 선

한(恨)서린 선
반세기 분단의 선
보이지 않는 선
한발짝이면 넘을 수 있는 선
망향에 눈물 짓는 선
맘으로 매일 넘는 선

평화만이 허물 수 있는 선
사랑만이 허물 수 있는 선

예시 가)는 「행복이로소이다」의 종연이고, 나)는 「군사분계선」의 전문이다. 예시가 보여주듯 가)에서의 '아들에게 기대지 않고', '마음은 청춘 부럽지 않아', '남은 길 즐겁게 가리니'가 보여주는 의탁하지 않고도 스스로 삶을 즐길 수 있는 행복감은 이민공간수용에 성공함으로써 획득된 자아확대력의 결과라고 할 수 있다.

예시 나)는 3·8선이라는 넘지 못하는 철망의 아픔을 '통곡', '분통','혈수'의 사물로 구체화 하면서 '한서린 선'으로 비극화 하기도 한다. 그러면서 넘어야 하는 의지지향을 '평화'와 '사랑'만이 헐물 수 있는 선이라고 자기확대력의 의지로 희망하기도 한다.

이러한 행복한 삶의 획득은 고통과 시름의 회상공간으로서의 과거세가 비로소 연민의 대상이 되어주는 고향애나 조국애로 그

본질을 달리하면서 긍정적 삶만이 나눌 수 있는 여유로서의 애정이거나 사랑을 보여준 것이 된다.

3. 四季의 시편들

과거세와 다가가야 할 미래의 중간대에 펼쳐지는 시적 공간이 사계의 시편들로 설정되어 있다. 삶의 현장으로서의 자연이랄까, 삶의 여유를 통해 벗하고 다가서는 자연에의 동화 내지 귀의라고나 할까, 어떻든 사계의 노래는 過去世와 來世의 중간대를 설정하고 있는데 시를 제시해 본다.

가) 어리었던 그리움
　물안개로 봄들에 피면
　그 옛날
　동무들과 손잡고 부르던 봄노래
　파란 하늘
　하얀 구름
　봄의 꽃향기 속에
　불러본다 봄의 讚歌

나) 풍한설우(風寒雪雨) 벽력(霹靂)에
　피복(被服)이 거북등 되어
　백태(白苔)로 싸안고 고근(菰根)이 억세게
　바위를 부등켜도
　눈부신 아침 햇살에 송로(松露) 영롱하여
　벽로(碧鷺) 한가로이 평화(平和)롭구나

다) 누가 불 질렀나?

산이 붉게 탄다
들도 탄다
그 속에 나도 함께 탄다

봄에 수줍던 연록이
여름에 진록으로 프르더니
이 가을엔 빨강 정열로 탄다

라) 팡팡 눈 맞으며 빠지고 싶다
아무도 가지 않는 눈길
내 발자국 뒤돌아보며 새길 내고 싶다
하늘과 땅 온 천지가 눈꽃으로
순결한 하얀 눈 마음도 표백하고파
백색의 설원에 흠뻑 마음을 빼앗긴다

예시 가)는 「봄의 찬가」 종연, 나)는 「노송」 일부, 다)는 「가을」 일부고, 라)는 「눈」 일부다.

예외 없이 계절을 노래한 사계의 노래들로서 가)에서는 유년과 파란 하늘과 하얀 구름과 하나가 되는 자연동일성을 통한 체험을 찬가로 불러주고 있고, 나)는 노송의 고고한 기상과 절개를 빌어 평화를 읽어냄으로써 자연 곧 노송을 통해 찬가와 평화의 여유를 의미론적 해석을 곁들이고 있는데 소나무의 청청함과 성하의 이미지가 지니는 동류항을 통해 여름 시편으로 읽어도 무방한듯 싶다.

예시 다)는 가을 단풍과 화자를 동일시함으로써 자연동화랄까, 자연경도랄까, 그도 아니면 자연친화력을 읽게 하고 라)는 '백색의 설원에 흠뻑 마음을 빼앗긴다'에서 읽을 수 있듯이 자연의 흡인력에 빨려들어감으로써 자연과 하나가 되는 자연에의 동화를 읽게해준다.

해석이야 어떻든 예시들이 환기시켜주는 것은 계절을 노래했다기보다 계절을 통해 자연과 하나가 됨으로써 자연으로부터 被投된 자아를 추슬러 자연으로 돌아가는 자연동일성이라는 귀한 몫의 값을 시로써 형상화 하고 있다는 점에서 思鄕譜와 黃昏歌의 중간대를 훌륭히 장식하고 있다고 할 수 있다.

4. 黃昏歌의 시편들

과거세의 시편들이 지나온 현실 저쪽 공간을 노래한 사향보로 형상화 됐다면 현실 공간의 자연과 함께 하면서 사계를 노래한 시편들은 자연동일성을 노래한 자연친화력을 보여주었다고 할 수 있다. 그리고 남은 또 하나의 시역인 黃昏歌는 앞으로 살아갈 주어진 인생의 황혼을 마주하는 思鄕 아닌 斜陽의식의 노래라고 할 수 있을 것으로 본다. 역시 시를 제시했을 때 이 점 극명해질 것으로 여겨진다.

구름 가듯
바람 스치듯
내 인생
훌적 가 버렸네

푸르던 그 날
퇴색(退色)된 조롱박 되어
오늘은 어디로
흔적 없이 가는가?

'오늘은 어디로/흔적 없이 가는가?'로 앞으로 가야할 길을 설의하고 있는데 몇가지 경로로 길들이 제시 되고 있다.

첫째는 시 「노인 아파트」에서 제시된 '외오라지 주님 품안에서/온갖 것 감사하며 웃으며/살리라'고 신앙의 길이 제시돼 있고, 시 「나의 삶」 종연 '아!/서툴게 서럽게/동강난 세포 부둥켜 안고/부를 수 있는 노래 있어/나는 나의 삶을 사랑한다'고 시인으로써 살아갈 시인의 길을 제시하고 있으며, 시 「남은 날」의 종연 '자투리 연민의 정/한뜸한뜸/마음 수놓으며/고희 넘는 숨가쁜 몸짓/석양의 길 황혼/가슴에 태우리라'에서 볼 수 있듯이 인생황혼 석양처럼 마지막 태우리란 의지지향을 제시하기도 한다.

그런가하면 '보낸 세월 마디마디 가슴에 아려/시련의 연가/그리움의 조약돌에 새겨/황혼의 연가 부르리라'라고 「노년의 연가」로 노년을 사랑하는 노래로 장식할 것을 다지기도 하고, '사랑의 향기 피우며/저 높은 곳을 향해/이제 막 마지막 남은 벽돌/한장한장 쌓으며' 귀천의 길로 통하는 통로를 쌓아 올리기도 하는 노경의 심회와 앞으로 얼마남지 않은 생 후회없이 살다갈 것을 다짐하기도 한다.

예시마다 각기 표현은 달라도 다같이 인생황혼을 맞아 생을 불태우고자 한 의지와 정신적 삶을 통한 새로운 삶 이끌어 올리기 등 다양한 삶과 삶을 아름답게 장식하고자 한 생의 달관이랄까, 관조랄까 아름답게 채색해가는 생의 노을을 펼치고 있음을 보여주고 있어 아름다운 생을 읽게 해주고 있다.

5. 결어

이상의 지적은 강해순 시인의 시역을 3분법을 적용, 조명해 본 것으로서 제1시역인 과거세를 발상으로 한 思鄕譜와 현세적 삶과 자연동일성을 구가한 사계의 노래, 그리고 인생황혼을 노을보다 아름답게 채색해 내는 黃昏歌등은 인생여정을 되돌아보게 하는 귀한 몫의 설득력을 지니고 있다고 할 수 있고 이 점 시의 성과로 제시할 수 있을 것으로 본다.

•

강해순 시인은 함북 회령출신으로 만주 용정고녀를 수학했다. 워싱턴문인회 시 입선과 『노을 진 들녘에 선 사슴의 노래』 동인 멤버로 참여했다. 조선문학에 시로 등단했고, 워싱턴문인회 · 미주문예동우회 · 워싱턴여류수필가협회원으로 활동하고 있다.

•

조선문학시인선 274

한 잎의 꽃잎은 파도를 타고

2010년 8월 5일 인쇄
2010년 8월 15일 발행

지은이 / 강해순
발행인 / 박진환
펴낸곳 / 조선문학사
등록번호 / 1-2733
주소 · 110-092 서울 서대문구 홍제2동 96-4
대표전화 / 730-2255
팩스 / 723-9373

ISBN 978-89-93614-32-9
정가 8,000원